SIMPLON

SAINT-GOTHARD ET LUKMANIER

Typ. de GUIRAUDET, imprimeur de la Société des Ingénieurs civils
place de la Mairie, 2, à Neuilly.

SIMPLON

SAINT-GOTHARD ET LUKMANIER

PAR

Le Colonel fédéral BARMAN

Ancien Ministre plénipotentiaire

NEUILLY

TYPOGRAPHIE DE GUIRAUDET

2, PLACE DE LA MAIRIE, 2

1861

AVANT-PROPOS

L'intérêt spécial et très-naturel que je porte, comme citoyen du Valais, à l'établissement d'un chemin de fer par le Simplon, m'a fait souvent déplorer l'indifférence dont il semble l'objet de la part d'Etats et de Compagnies qui en retireraient cependant les profits les plus directs.

J'avais d'abord pensé que les préférences si retentissantes accordées à d'autres passages des Alpes et principalement à celui du Lukmanier, sans même qu'on ait pris la peine d'en comparer sérieusement les tracés avec celui du Simplon, étaient justifiées par des avantages hors ligne, tant sous le rapport de la construction que sous celui des relations commerciales. Un examen plus attentif et surtout les études si intéressantes publiées, l'année dernière, par M. l'ingénieur E. Flachat, m'ont détrompé. C'est ce qui m'engage à livrer à la publicité ce petit écrit.

Pour lui assurer une autorité que mon nom seul serait impuissant à lui procurer, comme aussi pour rendre hommage à la vérité, je me hâte de déclarer que les données techniques et économiques qui en font tout le mérite m'ont été fournies avec autant de gracieuseté que de désintéressement par M. E. Flachat, dont la compétence en ces matières ne sera contestée par personne.

Paris, juin 1861.

SIMPLON

SAINT-GOTHARD ET LUKMANIER

INTRODUCTION

Par décret du 14 mai 1860, le Gouvernement sarde chargea une commission de rechercher le point des Alpes le plus favorable à l'établissement d'un chemin de fer, et plus spécialement d'examiner si, depuis l'acquisition de la Lombardie et de la Valteline, le passage du Lukmanier, précédemment adopté, ne devait pas être abandonné pour un autre situé plus à l'est. La majorité de la commission proposa de maintenir la préférence au Lukmanier.

Le Gouvernement adopta cette proposition, et, pour en favoriser la réalisation, il s'engagea, par convention provisoire du 18 avril dernier, à faire une avance de vingt millions à la Compagnie concessionnaire, depuis plusieurs années, du chemin du Lukmanier, à charge par elle d'établir une voie ferrée de Coire à Dissentis et de Locarno à Olivone, et de relier Dissentis et Olivone par une route carrossable, en attendant l'établissement d'un chemin de fer dont l'exécution facultative était entièrement laissée aux soins du Gouvernement italien. Celui-ci se réserva, en outre, d'exiger des concessionnaires la construction sur le territoire tessinois d'une ligne reliant le réseau des chemins italiens à celui des chemins suisses.

Ces réserves et d'autres que le cabinet de Turin stipula à son profit peuvent, au premier abord, paraître exorbitantes, comme se rapportant à un chemin placé hors de son territoire, mais il ne faut pas oublier qu'en raison des dépenses énormes que nécessitera la construction d'un chemin de fer à travers les Alpes suisses, l'aide d'un Gouvernement étranger est indispensable. Pour prix de son intervention, ce Gouvernement voudra se réserver, sur l'exécution et l'exploitation de la ligne, des moyens d'action et de surveillance qu'il serait injuste de lui dénier, mais que l'on doit, pour ménager les susceptibilités et les intérêts nationaux, restreindre dans des limites convenables.

Le Grand Conseil du Tessin ne ratifia pas la convention provisoire du 18 avril, et les concessionnaires ne furent en mesure ni de déposer le cautionnement dans le délai convenu, ni de justifier de la formation du capital fixé.

C'est du moins ce qui résulte des déclarations faites le 17 mai, au sénat de Turin, par M. le Ministre des travaux publics, qui se félicita même, d'après les manifestations qui s'étaient produites en Suisse, qu'il n'ait pas été donné suite à la convention.

Cependant, les négociations ont été reprises sur de nouvelles bases. L'Italie est politiquement et commercialement trop intéressée à l'établissement de chemins de fer débouchant en Suisse, et son Gouvernement, stimulé d'ailleurs par les vives réclamations des populations, s'occupe trop activement de cette affaire, pour qu'elle n'aboutisse pas dans un avenir prochain. En attendant la question reste ouverte à l'examen.

Entre l'Allemagne et la France, d'un côté, et l'Italie de l'autre, les Alpes suisses n'offrent que trois passages : ce sont les vallées du Rhône, du Rhin et de la Reuss. A chacun d'eux se rattache un ordre tout spécial d'intérêts politiques et économiques. A ce titre, ils ont en Suisse et en Italie des amis et des adversaires bien prononcés, mais amis et adversaires nous paraissent ne pas consulter suffisamment les convenances les plus générales de leur pays.

Pour l'Italie, dans ses rapports avec l'Europe centrale, la question, ou plutôt, les intérêts se résument en trois termes : Gènes, Milan, Venise.

Gènes, qui cherche à faire concurrence à Marseille et à Trieste dans les relations commerciales de l'Europe avec les ports de la Méditerranée et le Levant.

Milan, qui, à titre de grand centre de population, de commerce et d'industrie, désire faire cesser son isolement des voies de communication avec le nord et l'ouest de l'Europe, et qui va d'ailleurs devenir, par l'extension du réseau vers l'Italie méridionale, le point obligé de la direction du mouvement des personnes et des échanges entre l'Europe septentrionale et le midi de la Péninsule.

Venise, appelée peut-être un jour à supplanter Trieste dans toute la part du mouvement commercial de l'Italie et de l'Europe occidentale dévolu à l'Adriatique.

Pour la Suisse, les intérêts se résument aussi clairement dans la nécessité de prendre promptement un parti.

Les chemins de fer voisins accèdent ou accéderont prochainement à son territoire, du côté de la France, par cinq points : Bâle, les Verrières, Jougne, Genève et Saint-Gingolph (Valais); du côté de l'Allemagne, par quatre points : Bâle (au moyen d'un pont qui reste à établir sur le Rhin), Waldshut, Schaffhouse et, si l'Autriche y consent jamais, Bregenz à l'extrémité du lac de Constance.

Ces chemins vont, tous, chercher à travers la Suisse une issue en Italie par les vallées du Rhône, de la Reuss et du Rhin. Nul doute qu'une fois ouvert le passage au travers des Alpes ne soit, pour ceux des chemins qui y aboutiront, une source de produits immédiats et importants, et qu'il ne place la Suisse, s'il est choisi avec discernement, au cœur du plus grand mouvement de relations pacifiques et commerciales de l'Europe industrielle.

Mais Nice et le Mont-Cenis au midi ; Inspruck (le Brenner), Villach et Laybach à l'est sont aussi des passages conduisant en Italie. L'un de ces chemins est déjà en exploitation dans toute sa longueur, les quatre autres sont en voie d'exécution. Ainsi, des deux côtés de la Suisse, l'Europe cherche à se joindre à l'Italie par les chemins de fer.

Dans cette situation, l'intérêt évident de la Suisse est

de faire cesser au plus tôt l'isolement où elle se trouve vis-à-vis de l'Italie; isolement qui doit être attribué moins encore à l'impuissance financière de la Suisse qu'à la rivalité des Cantons et des Compagnies, et aux incertitudes sur les passages préférables aux points de vue politique, technique et économique.

Ce sont ces incertitudes qu'il importerait, avant tout, de faire cesser par l'examen sincère des faits et des situations.

PREMIÈRE PARTIE

Considérations économiques et techniques

Les points de vue économique et technique que nous nous proposons d'examiner d'abord sont exposés sommairement dans le rapport adressé au roi de Sardaigne, le 14 mai 1860, par M. le Ministre des travaux publics, rapport qui sert d'exposé des motifs au décret qui a constitué la commission.

« La pensée, dit le rapport, de ramener, par la vallée du Pô, le commerce de l'Europe centrale vers les ports de l'Italie, malgré les puissants obstacles topographiques qu'oppose aux moyens ordinaires de communications une chaîne de hautes montagnes couvertes de neiges éternelles, est née en même temps que se sont produits les premiers projets de chemins de fer de la Péninsule.

« Dès l'année 1844, le Gouvernement sarde entamait des négociations avec plusieurs Cantons suisses, afin de mettre à exécution le projet d'un chemin de fer destiné à relier le port de Gênes au réseau des lignes de l'Europe centrale.

« Après de longs pourparlers, on obtint, en 1850, que la Suisse et les États de l'Allemagne intéressés nommassent des commissaires spéciaux qui, avec le concours d'un ingénieur sarde, inspecteraient les différents passages des Alpes, et indiqueraient les localités les plus propres à l'établissement d'un chemin de fer.

« Le choix, parmi les différents passages, était bien circonscrit *à cause du peu d'étendue que le royaume avait à cette époque. Au nord, les confins du Piémont, adossés à la haute chaîne des Alpes qui sépare la vallée du Pô de celle du Rhône, n'avaient aucun contact immédiat avec les vallées du Rhin et de ses affluents; si bien qu'en admettant même la possibilité du percement ou du passage du Grand-Saint-Bernard ou du Simplon, on ne sortait pas cependant du versant occidental de la Méditerranée, et l'on n'y parvenait ensuite qu'en surmontant de nouvelles et énormes difficultés topographiques, ou bien en faisant un long circuit dans le bassin du Rhin pour atteindre celui de la mer du Nord, ce qui est précisément la solution du problème. Et comme de hautes considérations politiques commandaient que l'on évitât à tout prix le passage sur le territoire de l'empire autrichien, la solution ne pouvait être trouvée ailleurs que dans le Canton du Tessin.* Il n'y avait qu'un chemin de fer construit sur le territoire suisse, partant de la rive septentrionale du lac Majeur et se dirigeant vers l'un des accès de la vallée du Rhin, qui pût permettre aux lignes sardes aboutissant à la rive méridionale du lac Majeur, ou le cotoyant à l'ouest, d'effectuer la communication du port de Gènes et du Piémont avec la Suisse transalpine et l'Allemagne. Ainsi, le choix se réduisait alors aux seuls passages situés dans le Canton du Tessin, c'est-à-dire au Lukmanier ou au Saint-Gothard.

« Les études prouvèrent que les obstacles à vaincre pour la construction d'un chemin de fer étaient beaucoup moindres au Lukmanier qu'au Saint-Gothard; et la conviction née de l'examen de la question, qu'en tous cas les intérêts de la Ligurie et du Piémont pouvaient être complétement satisfaits moyennant la solution par le Lukmanier, détermina la préférence que le Gouvernement et le Parlement donnèrent, dans la session de 1853, à ce dernier passage.

« Le Gouvernement reprit les négociations avec la Suisse et avec quelques-uns des Etats de la Confédération germanique, mais sans succès. Le Parlement n'hésita pas à décider, à deux reprises, en 1853 et en 1857, que la somme de dix millions de livres serait allouée à titre de subvention à la Compagnie qui voudrait entreprendre cette œuvre grandiose. La ville de Gènes, qui y était particulièrement intéressée, se montra à la hauteur de ce qu'on pouvait attendre d'elle, car elle ajouta, dès 1853, à la subvention promise par l'Etat, six millions pour son propre compte; témoignant ainsi qu'elle comprenait parfaitement les destinées *splendides* que sa position digne d'envie réserve à un peuple industrieux et travailleur.

« Tandis que la ligne, qui, traversant le Mont-Cenis, doit se relier à Genève avec le réseau suisse, avait entre autres buts, celui d'amener au golfe ligurien le transit de la Suisse occidentale, créant ainsi la possibilité d'une concurrence avec Marseille, il était bien naturel que Gènes, avec l'appui de tout l'Etat, visât à hâter l'exécution d'un autre chemin de fer, reliant le lac Majeur au lac de Constance, destiné à attirer dans sa clientèle commerciale l'ouest de la Suisse et les Cantons du centre, au moyen d'un embranchement partant de Sargans, dissipant ainsi toute crainte de concurrence de Trieste, en ce qui concerne une étendue assez considérable de l'Allemagne. En effet, sans parler de quelques chemins de fer éventuels ou projetés, il y en a un qui fonctionne déjà entre Coire et Rorschach sur le lac de Constance. A ce lac viennent aboutir deux lignes du réseau allemand; l'une partant de Friedrichshafen va, par Ulm et Stuttgard, se réunir, à Brucksal, aux chemins de fer badois, et par suite aux villes rhénanes, à la Belgique et à la Hollande; l'autre, partant de Lindau, sur le même lac, va rencontrer à Augsbourg le grand réseau de chemins de fer qui s'étend le long du Danube, du Weser, de l'Elbe et de l'Oder. Pour une grande partie de ces régions, Gènes, comme port le plus proche, serait devenue l'entrepôt le plus commode de la Méditerranée.

« Mais, malheureusement, il ne fut guère possible d'arriver à un résultat satisfaisant; le délai fixé pour la validité des engagements pris dans le but de subventionner et d'assurer l'entreprise par le Lukmanier s'écoula inutilement.

« Le soussigné croit avoir des motifs bien fondés pour espérer que le jour n'est pas loin, où le ministère pourra soumettre aux délibérations du Parlement un projet positif.

« Par suite de l'heureux changement des conditions du royaume, une masse d'intérêts bien plus considérable qu'auparavant réclame hautement la construction d'un passage à travers les Alpes suisses. L'Etat, presque triplé en population, ne peut différer plus longtemps de pousser d'une manière définitive et efficace l'exécution dont le Piémont, étant seul, s'était préoccupé, et qu'il avait cherché laborieusement à mener à bien.

« Dans ce but, il pense qu'il est opportun d'instituer de suite une commission composée d'hommes spécialement versés dans la science de l'ingénieur et dans les études économiques, avec la mission d'examiner quelle est, dans les nouvelles conditions territoriales de l'État, la direction préférable pour un chemin de fer qui traverse les Alpes suisses. »

Il était essentiel de reproduire ce long extrait du programme des travaux de la commission, afin de faire comprendre la nature des objections qui ont motivé l'exclusion du Simplon et du Saint-Gothard au profit du Lukmanier.

A ce dernier point de vue, les lignes qui précèdent peuvent se résumer en quelques mots :

La possibilité de l'établissement d'un chemin de fer par le Simplon est problématique; ce chemin ne sortirait pas du bassin de la Méditerranée, il ne conduirait que, par un circuit ou en surmontant d'énormes difficultés, dans le bassin du Rhin et à la mer du Nord.

Le passage du Lukmanier est beaucoup plus facile et moins coûteux que celui du Saint-Gothard; il enlèvera à Trieste, au profit de Gènes, une grande partie du commerce de l'Allemagne.

Était-il juste, était-il rationnel de limiter ainsi l'examen des intérêts de l'Italie dans les passages des Alpes ? Nous ne le croyons pas.

Nous pourrions nous borner à faire remarquer que, d'après les termes mêmes du rapport officiel, la barrière que le Vorarlberg, possession autrichienne, oppose à toute jonction de chemins de fer, à l'est du lac de Constance, détruit de fond en comble toutes les combinaisons qui se rattachent au Lukmanier. Ce rapport pose en effet comme une condition expresse, dictée par *de hautes considérations politiques, que l'on doit éviter, à tout prix, le passage sur le territoire de l'Autriche.* Cette condition interdit un tracé qui dépendra entièrement de cette puissance, puisque pour joindre la ligne d'Augsbourg au chemin du Lukmanier il faudra nécessairement emprunter le territoire autrichien.

Ceci nous rappelle la faute commise lors de la création prématurée du chemin de fer du *Jura industriel.* Ses promoteurs comptaient, pour lui assurer la vie, sur le prolongement de la ligne jusqu'à Besançon. Vainement avons-nous cherché à .détourner de toute résolution précipitée ceux d'entre eux qui réclamaient notre concours : des rapports, qui doivent exister aux archives fédérales, constatent notre opinion sur le peu de probabilité du raccordement avec Besançon, raccordement qui a été, en effet, refusé par le Gouvernement français.

On sait les déplorables conséquences qui en sont résultées pour le canton de Neuchâtel.

Ce n'est point que nous cherchions à mettre en parallèle le petit chemin du Jura industriel avec celui du Lukmanier, alors même qu'il ne pourrait franchir le Rhin.

Mais, en favorisant par une forte subvention la Compagnie concessionnaire de cette ligne, le Gouvernement italien compte évidemment sur le raccordement par le Vorarlberg, et il est permis de supposer qu'il agirait autrement s'il prévoyait le maintien de l'opposition autrichienne.

En présence d'une simple incertitude, il nous semble téméraire de s'engager dans une entreprise si colossale, avant d'être fixé sur ce point capital.

Bien que le Vorarlberg fasse partie de la Confédération germanique, il ne faut pas oublier que l'action souveraine de l'Autriche pourrait s'exercer pour interdire un jour la circulation sur le chemin de fer, aussi bien qu'elle s'exerce aujourd'hui pour empêcher son établissement.

Supposons toutefois que l'Autriche cède enfin, et consente à la jonction de la ligne bavaroise avec celle de l'Union-Suisse; une nouvelle guerre survenant avec l'Italie, l'Autriche, intéressée à affaiblir son ennemie, consentira-t-elle à laisser passer sur son propre territoire les matériaux que la guerre exige : de la fonte, du fer et du bronze, pour fabriquer des boulets et des armes?

N'allons même pas jusque-là. Supposons une simple crise politique dans les rapports entre l'Italie et l'Autriche ; les relations commerciales de l'Allemagne avec l'Italie ne seront-elles pas compromises, suspendues peut-être, à cause de l'incertitude qu'éprouveront les expéditeurs quant à la liberté du transit par le Vorarlberg ?

On répondra, il est vrai, que les entrées en Suisse par Schaffhouse, Waldshut et Bâle resteront ouvertes; mais alors le passage par le Lukmanier serait de tous le plus mal choisi, puisque le trafic devrait subir un détour considérable.

La préférence ainsi donnée à un passage tellement excentrique au territoire suisse, qu'il ne peut être desservi que par une seule des quatre entrées de l'Allemagne sur ce territoire, et par l'entrée la plus exposée aux chances des complications politiques, est réellement inexplicable.

Les intérêts en jeu dans cette question sont exclusivement ceux de la ligne de plus courte distance pour la plus grande somme de relations entre l'Europe industrielle et l'Orient. Gènes cherche ouvertement à être le port le plus favorablement situé sur cette ligne; le Gouvernement italien veut également atteindre ce but sans sacrifier Venise, qui, elle aussi, peut aspirer à devenir la rivale de Gènes, de Trieste et de Marseille.

Mais que l'on nous permette de compléter l'exposé officiel du Gouvernement italien en rappelant les intérêts trop oubliés de Milan. Cette ville que le Ministre se borne à appeler un grand centre de population, d'industrie et de commerce, sans préciser son intérêt dans la direction des passages suisses, doit intervenir ici, non avec la mesquine prétention d'être le point obligé du passage, par ses murs, du trafic de l'Europe avec Gênes et Venise, mais pour obtenir la satisfaction de ses propres besoins qui sont de premier ordre. Milan est, entre toutes les villes de l'Italie, le plus grand centre de richesse et d'activité. A ce titre, cette ville est appelée à féconder le mouvement commercial du pays tout entier. Or la première nécessité dans le choix d'un passage à travers les Alpes suisses, pour un chemin de fer, c'est de desservir le mieux possible les relations de Milan avec la Suisse, la France, la Belgique, la Hollande et les provinces du Rhin allemand, car c'est avec ces contrées que Milan est en rapport d'échange et de commerce, et non avec l'est de l'Europe. A ce point de vue, le fait le plus grave, le plus récent aussi, dans l'ère si nouvelle de l'unité italienne, ce sont les combinaisons qui viennent de surgir pour accélérer l'achèvement des lignes de chemins de fer qui, de Milan, vont, par Plaisance, Parme, Bologne et Ancône, prolonger le réseau méridional de l'Italie jusqu'à Otrante, à l'extrémité de l'Adriatique. Milan devient par cette ligne le nœud, le lien des relations de l'Europe occidentale avec le midi de l'Italie.

Voilà, à notre sens, l'influence qui devait dominer les vues de la commission, parce qu'elle exprime le changement notable qui s'accomplit comme une conséquence nouvelle de la constitution géographique du royaume italien.

On peut donc être surpris que les motifs exposés par M. le

Ministre, pour mettre le passage du Simplon en dehors de la question, soient précisément ceux pour lesquels il semblerait devoir être placé au premier rang.

« Le passage du Simplon ne sort pas, dit-on, du versant de la Méditerranée. »

Cela est vrai : il est même la seule issue que la nature ait nettement ouverte de ce côté. Mais n'est-ce pas sur ce versant que se trouvent la France, l'Angleterre, la Belgique, la Hollande ? Le Simplon n'offre-t-il pas la ligne la plus directe entre Paris et Gènes pour la partie de la France dont Paris est le centre ; entre Ostende, Anvers et Gènes, la ligne qui passe par Namur, Luxembourg, Metz, Vesoul et Salins, n'est-elle pas la direction la plus courte pour l'Angleterre et la Belgique ?

« Le Simplon, ajoute M. le ministre, ne parvient dans le bassin du Rhin que par de nouvelles et énormes difficultés topographiques. » De quel Rhin est-il donc question ici ? Ce n'est sans doute pas du torrent qui descend au lac de Constance. Ce n'est pas là ce que l'Europe appelle *le Rhin*. Celui que le commerce et l'industrie connaissent, c'est le Rhin qui de Bâle descend à la mer du Nord. Mais l'état de choses est changé ; et il n'existe plus, entre le Simplon et le Rhin, de difficultés topographiques, puisque aujourd'hui les trains des chemins de fer de la vallée du Rhin traversent Bâle pour ne s'arrêter qu'à quelques lieues du Simplon.

Est-ce le lieu d'ajouter que, dans le programme des considérations qui devaient guider la commission en lui signalant les conditions nouvelles que l'unité italienne devait apporter au choix du passage des Alpes, ce sont précisément ces conditions qui semblent oubliées.

S'il y a un fait significatif dans cette question, c'est l'élan que la constitution de cette unité a donné aux chemins de fer, et surtout à ceux qui doivent unir les provinces du nord de l'Italie à celles du midi. La ligne de Milan à Otrante complétera la grande route, la route la plus courte qui de Londres, de Paris, par Jougne ou les Verrières, le Simplon et Milan, conduira en Orient. Ce sera une partie intégrante de la ligne que suivront les malles de l'Inde, la télégraphie, etc.

Comment cette grave considération a-t-elle échappé à la commission, et comment n'a-t-elle pas protesté contre l'inexplicable exclusion du Simplon dans les passages à examiner et à comparer ?

On objectera que : « le Simplon est trop près du Mont-Cenis. » A cela il y a plusieurs réponses.

Le passage par le Mont-Cenis est un passage exclusivement français ; il est exposé, par cela même, à se trouver fermé, pour le port de Gènes, aux relations de l'Orient avec l'Angleterre et la Belgique.

Le Mont-Cenis est un passage qui ne sera ouvert, dans un temps plus ou moins éloigné, qu'à la condition du succès d'appareils, de procédés et de moyens dont l'invention et l'application sont incertaines, ou au moins accompagnées de grandes difficultés.

Des opinions absolues ne peuvent être émises à cet égard; mais ce que l'on peut affirmer sans crainte de contradiction, c'est que cette entreprise est tellement nouvelle et en dehors des travaux habituels de l'ingénieur, que les esprits sont de plus en plus frappés des éventualités auxquelles elle se trouve exposée. De là le progrès des idées qui se rallient à l'exécution de souterrains plus courts et aérés par des puits, et l'apparition d'un grand nombre de projets étudiés par les ingénieurs les plus familiers avec le pays, dans lesquels les faîtes sont traversés par de courts souterrains. Ce sont ces projets que nous indiquons plus loin sous le nom de *tracés hauts* à courts souterrains, par opposition aux *tracés bas* à souterrains de grande longueur.

Le Simplon a, sur le Mont-Cenis, l'avantage de pouvoir être traversé en deux ou trois ans par un tracé haut à court tunnel, et en moitié moins de temps que le Mont-Cenis par un tracé bas.

Le passage par le Mont-Cenis allongerait notablement le

trajet pour les relations de l'Angleterre, de la Belgique et des provinces du Rhin allemand avec l'Orient, par le port de Gènes.

Le passage par le Mont-Cenis n'est donc pas une objection à celui du Simplon. Ils ont un caractère politique et commercial bien différent. Le premier n'intéresse que l'est et le midi de la France; le second intéresse la France, l'Angleterre, la Belgique et toute l'Allemagne du Rhin.

Une guerre entre l'Italie et la France peut fermer le Mont-Cenis; mais pour fermer le Simplon à l'Angleterre et à la Belgique, il faudrait que l'Allemagne fût engagée, elle-même, dans une guerre contre ces puissances, et alors tous les passages des Alpes seraient fermés comme le Simplon.

Jetons maintenant les yeux sur les contrées de l'Allemagne qui ont dirigé des chemins de fer sur l'Italie, à l'est du lac de Constance.

De Pesth (Ofen), de l'arsenal de Comorn et de Vienne, partent les troncs principaux des deux réseaux du Midi-autrichien se dirigeant sur l'Italie, l'un par Grœtz et Laybach, l'autre, par Linz, Salzburg et Inspruck.

Le premier traverse les Alpes juliennes pour atteindre Trieste, par le col d'Adelsberg, et Fiume, par la route Marie-Louise.

Ils descendent en outre sur Venise en franchissant le col

de Sarfnitz qui sépare la vallée de la Drave de celle du Tagliamento.

La ligne qui se dirige par Linz, Salzburg et Inspruck passe par le Brenner, du bassin de l'Inn dans celui de l'Adige; et, pour ne pas emprunter le sol bavarois, cette même ligne se raccorde aux trois précédentes, en franchissant le Toblach qui, sur la route de Brixen à Klagenfurth, sépare le bassin de l'Adige de celui de la Drave.

Voila donc quatre chemins de fer autrichiens sur l'Italie, dont un seul emprunte une très-petite partie de son parcours au territoire bavarois ; ils desservent les trois ports autrichiens sur l'Adriatique, Fiume, Trieste et Venise.

C'est, sans nul doute, l'intérêt qu'attache l'Autriche à ces lignes qui la porte à refuser la jonction des chemins bavarois aux chemins suisses par le Vorarlberg.

Le réseau bavarois envoie sur l'Italie, par Munich et Augsbourg, deux lignes, dont la première se réunit à celle d'Inspruck, et dont l'autre aboutit au lac de Constance, comme le chemin wurtembergeois descendant de Stuttgard.

Ici se montre, pour ces deux territoires, la Bavière et le Wurtemberg, l'intérêt commercial à un passage à travers la Suisse par la vallée du Rhin.

Pour la Bavière, l'intérêt s'étend même au passage, à travers son territoire, des produits échangeables entre la haute Allemagne et l'Italie.

Pour la Prusse, la Hesse, pour toutes les provinces rhénanes, la Belgique elle-même, pour tout le vaste territoire qu'arrosent le Rhin et l'Elbe, et que M. le Ministre des travaux publics de Sardaigne a gratifié de l'épithète *d'industrieusissime*, la voie la plus courte sur l'Italie est par Manheim et Bâle.

A la rencontre de la ligne de Manheim et de celles de Stuttgard et d'Augsbourg, la Suisse envoie sur Bâle, Waldshut, Schaffhouse et Saint-Gall, les quatre branches du nord de son réseau central qui se bifurquent à Olten. Au midi, ce réseau se dirige sur les passages des Alpes, par Lucerne ou par Schwitz (Saint-Gothard) et par Sion (Simplon).

Quant à l'Italie, elle s'apprête à recevoir les chemins suisses par Domo d'Ossola (Simplon) et par Bellinzona (Saint-Gothard). Le point d'arrivée par le Saint-Gothard est, on le voit, le même que par la vallée du Rhin (Lukmanier). L'intérêt italien ne peut donc être hostile à ces deux directions qu'autant que les passages des Alpes par le Saint-Gothard ou le Simplon accroîtraient la distance entre l'Italie et l'Allemagne.

Or il suffit d'un coup-d'œil jeté sur la carte des chemins de fer de l'Allemagne pour reconnaître que la partie septentrionale de cette contrée n'a pas d'intérêt à emprunter les directions par l'Autriche et la Bavière. La direction par Magdebourg, Cassel et Manheim forme la branche orientale de l'Y dont la branche occidentale passe par Francfort et Cologne. Ces deux branches enferment le territoire allemand vraiment industrieux, et elles ont Bâle pour point obligé dans la direction de l'Italie. La Prusse n'a pas un avantage sérieux à préférer les lignes accidentées de Nuremberg et d'Augsbourg, à celle de Magdebourg qui dirige ses transports sur Manheim.

La Bavière, dont le transit sur l'Italie sera prochainement desservi par la ligne d'Inspruck, n'aura alors qu'un assez faible intérêt au passage par le Lukmanier. En ce qui concerne le tracé par Augsbourg, cet intérêt se résume dans l'augmentation de parcours qui résulterait du passage par le Saint-Gothard.

Le Wurtemberg n'a pas d'autre mobile que celui d'éviter cette même différence de trajet.

Serait-ce là un intérêt à mettre en balance contre tous les avantages qui s'attachent à la réalisation des passages les plus favorables à l'Allemagne industrielle et à la Suisse?

La nature, c'est-à-dire la géographie et la configuration du sol font de Bâle la direction la plus générale du trafic de l'Allemagne industrielle avec l'Italie.

Entre cette ville et le Valais, les nombreux rameaux du

réseau français se dirigent sur la Suisse, par Mulhouse, les Verrières, Jougne, Genève et Saint-Gingolph (Valais), comme pour lui demander un pacifique et court chemin sur l'Italie.

Or puisque, pour la traversée des Alpes, il faudra dépenser beaucoup d'argent, deux conditions sont essentielles : attirer a plus grande circulation possible, et réunir la plus forte somme d'intérêts engagés.

Quant à la circulation, ce sont les passages tributaires de la Suisse entre Bâle et le Valais (le Simplon et le Saint-Gothard) qui la recueilleront le mieux.

Quant aux intérêts engagés, il y a en faveur de ces deux passages, ceux des cantons de Bâle, de Berne, de Fribourg, d'Argovie, de Lucerne, de Soleure, de Neuchâtel, de Vaud, de Genève, et du Valais; ceux des Compagnies du Central-suisse, d'Oron, du Franco-suisse, de l'Ouest-suisse et de la ligne d'Italie.

Qu'y a-t-il pour la vallée du Rhin? Une minorité de Cantons et de Compagnies.

On voit à quel point les deux plateaux de la balance sont inégalement chargés, et ce n'est certes pas sur le plus léger que l'argent se portera de préférence.

Or l'argent du Gouvernement vient, en pareille circonstance, en aide à celui de l'association privée; il ne doit pas, à lui seul, emporter la balance; il seconde les intérêts, et ne les force pas. Le choix ne peut appartenir qu'à la plus grosse réunion d'intérêts.

En résumé, la Suisse, neutre par le respect des nations, par sa force, par son esprit d'indépendance, ne doit donner à l'Allemagne et à l'Italie que les passages les plus recommandés par les besoins commerciaux, c'est-à-dire les passages du Simplon et du Saint-Gothard qui sont tributaires de Bâle.

L'Italie ne peut désirer dans cette direction que des passages servant aux besoins de la paix, c'est-à-dire des passages commerciaux; des passages qui permettent au port de Gènes d'entrer, aux mêmes conditions que Marseille et Trieste, dans le commerce méditerranéen, et qui placent les plaines de la Lombardie et le Piémont dans les mêmes conditions de production industrielle que l'Allemagne et la France.

Or les passages qui favorisent le plus grand mouvement sont, sans contredit, ceux qui ont Bâle, Jougne, les Verrières, Saint-Gingolph et Genève pour points obligés.

Aux motifs exposés dans le rapport officiel, pour distraire le passage du Simplon de ceux dont la commission aura à s'occuper, M. le Président de la commission en ajoute un nouveau :

« Ce passage est, dit-il, concédé à une Compagnie dont

nous avons le cautionnement entre les mains. » Cela veut-il dire que, parce que la Compagnie de la ligne d'Italie a déposé un cautionnement de deux millions de francs, applicable aux travaux d'Arona à Domo-d'Ossola qu'elle vient d'entreprendre, l'exécution du passage du Simplon, auquel elle n'est pas obligée, est assurée? On se rend difficilement compte, en ceci, de l'intention du Gouvernement. D'un côté, il déclarait, il y a un an, que le Simplon n'était pas relié au Rhin allemand, tandis que cette année a vu les trains remonter le Rhin depuis la mer du Nord pour s'arrêter à quelques lieues du Simplon. D'un autre côté, il se refuse à comprendre ce passage dans les examens de la commission, par ce qu'une Compagnie s'est engagée à en préparer les accès. Que dirait-on de mieux, pour établir l'intérêt et l'urgence de se décider en faveur de ce passage, en lui apportant les encouragements du Gouvernement?

En dehors de la situation de la Compagnie, le fait suivant témoigne de la singulière contradiction qui s'est produite entre les conclusions de la commission et les dispositions du Gouvernement.

La Compagnie de la ligne d'Italie, qui s'était justement émue à l'apparition du décret du 14 mai 1860, adressa au Ministre des travaux publics un mémoire pour faire ressortir les avantages attachés au Simplon, surtout depuis l'agrandissement du royaume.

Le Ministre répondit à la Compagnie qu'il appréciait, autant que qui que ce soit, l'importance et l'utilité du passage du Simplon et qu'il verrait son exécution avec une vive satisfaction.

Examinons maintenant, au point de vue économique, l'influence du côté technique de la solution cherchée.

M. le Président de la commission a posé, dans son rapport du 1er juin 1860, sur la direction à donner aux travaux de la commission, le programme technique, dans les termes suivants :

« Les systèmes de construction et d'exploitation que l'on choisira parmi ceux qui ont été proposés se réduisent à trois, savoir :

« 1° Limiter, jusqu'à une certaine hauteur, l'étendue des deux tronçons de chemin de fer sur les deux versants de la montagne, et les relier par un tronçon de route ordinaire, en attendant que l'on éclaircisse la question de savoir s'i convient de les réunir par un tunnel d'une longueur exceptionnelle ;

« 2° Prolonger les deux tronçons de chemin de fer, et atteindre une hauteur qui permette de les relier par un tunnel de moindre longueur ne dépassant pas celle des tunnels ordinaires, et de construire ce tunnel par les moyens connus et des puits.

« 3° Prolonger les deux tronçons en question jusqu'au sommet de la montagne, de manière que, pour traverser cette dernière, on n'ait plus à construire qu'un tunnel très-court, d'une exécution prompte, facile et sûre, lors même qu'on ne pourrait y faire de puits. »

Ce programme classe très-nettement les projets d'après la hauteur à laquelle ils devront traverser le faîte des passes. La commission avait à examiner, si nous sommes bien informés :

1° Des études très-complètes pour le passage du Lukmanier, offrant une grande variété de projets qui entrent en souterrain sous le faîte à des niveaux plus ou moins élevés;

2° Des études fort intelligentes, mais beaucoup moins complètes du passage par le Saint-Gothard.

Par suite de l'exclusion préalable et formelle du passage du Simplon, elle n'a pas jugé à propos de s'en faire présenter les études.

Le bel ensemble des projets étudiés, pour le passage par le Lukmanier, par MM. les ingénieurs Lanica, Michel, Wetly et Pestalozzi, a dû exercer, en l'absence surtout d'études concurrentes pour les autres passages, une grande influence sur les déterminations de la commission.

Mais, au dire d'ingénieurs familiarisés avec ces études,

celles du Lukmanier aboutissent à la preuve que les mêmes solutions sont applicables à tous les passages.

Il est impossible, en effet, de ne pas reconnaître la possibilité des mêmes solutions au Saint-Gothard; et, si on regrette que les études de MM. Koller et Lucchini n'aient pas été assez complètes pour le démontrer, le doute qu'ils n'eussent pu arriver au même résultat ne vient pas à l'esprit.

A plus forte raison, cette conviction est-elle acquise en faveur du Simplon dont le col est, à la fois, le moins épais et le plus facilement accessible.

Chacune des passes a des avantages et des inconvénients. La descente d'Airolo, qui, pour le Saint-Gothard, paraissait un obstacle égal à celle du Lukmanier sur Olivone, est résolue par l'heureux emprunt du val Bedretto, d'une manière bien supérieure aux lacets du tracé du Lukmanier dans la descente sur le versant du midi.

La vallée du Rhin, de Reichenau à Ilanz, offre, aux abords du Lukmanier, des difficultés sinon supérieures, au moins de la nature de celles que rencontrent les autres passages dans les gorges les plus difficiles.

En un mot, ce que tous les ingénieurs qui s'occupent de ces questions reconnaissent et déclarent sans hésitation, c'est qu'à travers ces passes autrefois si effrayantes la difficulté et la dépense d'exécution des travaux d'établissement d'un chemin de fer ne sont pas, en ce qui concerne l'assiette du chemin, de beaucoup supérieures aux difficultés et aux dépenses d'établissement d'une bonne route, en tant que les inclinaisons atteignent ou dépasent 30 millimètres, et affectent de faibles rayons de courbure.

Il n'est donc pas surprenant que les solutions changent à mesure que les questions d'art soulevées par le passage d'un chemin de fer se modifient.

Chaque jour l'importance de l'obstacle qu'apporte au passage des Alpes la construction d'un souterrain de grande longueur est mieux appréciée, soit comme dépense d'argent, soit comme incertitude sur les moyens d'exécution, sur la durée des travaux et sur l'aérage pendant l'exploitation.

De nouveaux projets ont donc surgi : ils suivent les pentes des vallées d'accès aux cols en se développant en lacets ou en cercles, quand l'inclinaison de ces vallées est plus forte que celle adoptée pour le profil.

L'exploitation à ciel ouvert du chemin de fer du Jura industriel, pendant deux hivers rigoureux, et dans une contrée située à 1250 mètres au-dessus du niveau de la mer, où pendant la majeure partie de l'année la neige s'accumule jusqu'à trois mètres d'épaisseur autour du chemin de fer, a montré qu'il n'y a pas à s'effrayer des influences atmosphériques jusqu'ici considérées comme l'obstacle le plus sérieux au passage des Alpes par un chemin de fer.

On distingue donc aujourd'hui deux espèces de projets : les uns, les plus anciens, évitent autant que possible, au moyen de souterrains de grande longueur, les influences atmosphériques en tenant le tracé dans les basses régions de la montagne : ce sont les projets indiqués dans le programme du Gouvernement, nos 1 et 2. Les autres, les plus nouveaux, gravissent les rampes des cols, et se bornent à des tunnels de faible longueur sous les faîtes ; ce sont ceux dont le programme du Gouvernement recommande l'étude sous le n° 3.

Or les accès des cols offrent des conditions tellement identiques, qu'il n'y a pas lieu de tenir compte de leur hauteur dès qu'il s'agit de les franchir par de longs souterrains. C'est ainsi que, dans ce cas et pour le passage de la vallée du Rhin par le Lukmanier, on préfère la passe de la Greina qui a 2375 mètres de hauteur, à celle de Sainte-Marie qui n'en a que 1917, par la simple raison que, pour la traversée souterraine d'un col, c'est l'épaisseur seule et non la hauteur qui est intéressante.

Dès lors, si l'entrée, en souterrain, du chemin de fer est fixée à la hauteur de mille mètres au-dessus du niveau de la mer, le souterrain aura, par la passe Sainte-Marie (Lukmanier proprement dit) 27000 mètres de longueur et sans puits, tandis que, par la Greina, il n'en aura que 20700, dont 9300 sans puits, et 11400 avec puits ne dépassant pas 250 mètres de profondeur.

Si l'entrée en souterrain est tenue à 1350 mètres au-dessus du niveau de la mer, comme au Mont-Cenis, la longueur du souterrain sera, par la passe Sainte-Marie, de 21000 mètres, dont 14000 sans puits, tandis que, par la Greina, elle ne sera que de 9300 mètres sans puits.

Mais si on adopte les tracés hauts en élevant l'entrée souterraine du chemin de fer jusqu'à la hauteur de 1850 mètres, les choses changent complétement. Par la passe Sainte-Marie, le souterrain n'aura que 2008 mètres et avec puits, tandis qu'il en aurait 7000 sans puits par la Greina.

De là ce résultat grave quant au passage par le Lukmanier et *spécial à ce passage :* c'est qu'il faut se décider pour un des deux systèmes de profil avant de choisir le tracé.

La commission paraît avoir préféré le tracé qui se dirige par la passe Sainte-Marie. Son choix, à cet égard du moins, est suffisament indiqué par le prolongement, jusqu'à Dissentis, du chemin de fer qui devrait s'arrêter à Surein si la direction par la Greina était préférée. Seulement, au lieu d'entrer en souterrain à la hauteur de 1870 mètres, ce qui abrégerait la longueur du percement à 2008 mètres, on écrit qu'elle propose d'abaisser cette entrée de 35 à 50 mètres, et que la longueur souterraine deviendrait alors de 5380 mètres.

La commission semble avoir été conduite à préférer les tracés hauts par la considération que le col du Lukmanier est moins exposé que les autres aux accidents climatériques; les neiges y sont moins abondantes, et interrompent très-rarement la circulation; il présente des plateaux où les bestiaux trouvent encore, à 18 et 1900 mètres d'élévation, d'abondants paturages.

Nous hésitons d'autant moins à constater cet avantage qu'il est compensé par un grave inconvénient; c'est que, seul entre tous les passages, le tracé par le Luckmanier ne pourra se transformer d'un tracé haut en un tracé bas; tandis que si l'exploitation à des niveaux élevés est gênée par les circonstances climatériques, et si les procédés expérimentés au Mont-Cenis apportent une solution certaine et rapide du grave problème des percements de grande longueur dans le granit, et de la possibilité d'y faire circuler des trains, les passages du Simplon et du Saint-Gothard pourront se ménager, en tout temps, la double ressource des deux solutions; celle des tracés hauts à courts souterrains, et celle des tracés bas.

C'est surtout en présence de pareilles éventualités qu'il est bon de ménager l'avenir. Si, selon les prévisions de la convention du 18 avril, on se borne à une route carrossable entre Dissentis et Olivone, les rails s'arrêtant du côté de la Suisse et de l'Italie en ces deux points, la situation ne sera pas meilleure, dans le cas même où l'on se déciderait pour un tracé bas par la Greina; car cette route n'aiderait pas aux travaux dans la direction de la Greina, et puis elle n'attirera pas le trafic. Le traînage sera maintenu pendant la moitié de l'année et quand on voudra sortir de cette situation, on s'apercevra qu'au moment même où il importait le plus de se ménager les moyens d'établir la traversée du col dans chacun des deux systèmes, avec faculté de transformer l'un par l'autre, on a choisi un tracé qui n'en comporte qu'un seul.

Si on compare les passages du Saint-Gothard et du Simplon, dans les deux systèmes, celui des tracés bas à souterrains de grande longueur, et celui des tracés hauts à courts souterrains, on trouve, dans le premier cas, pour le Saint-Gothard, en se tenant à 1100 mètres de hauteur au-dessus de la mer, un souterrain de 18000 mètres de longueur, dont 13000 mètres sans puits ; et pour le Simplon, un souterrain, sans puits, de 12200 mètres.

A 1350 mètres de hauteur, au midi; à 1450^{m} au nord, comme au Mont-Cenis, le Saint-Gothard serait traversé par un souterrain de 10500 mètres, dont 7500 sans puits.

Le Simplon serait percé par un souterrain de 7000 mètres sans puits, mais à 150 mètres plus haut, soit à 1500 mètres de hauteur.

Ainsi pour les tracés bas, le Simplon et le Saint-Gothard l'emportent de beaucoup sur le Lukmanier; leurs cols sont beaucoup moins épais, l'étendue des percements y est, en conséquence, notablement inférieure.

Pour les tracés hauts, à 1850 mètres de hauteur, comme dans le projet du Lukmanier préféré par la commission, le Saint-Gothard sera traversé par un souterrain de 5000 mètres avec puits, et le Simplon pourra l'être, à 1900 mètres de hauteur, par un souterrain de 2000 mètres, avec puits. A la hauteur de 1709 mètres, c'est-à-dire à 141 mètres plus bas qu'au Saint-Gothard et au Lukmanier, le souterrain du Simplon n'aurait encore que 3500 mètres avec puits.

Si on ne tient pas compte, pour les tracés bas, des souterrains *avec puits*, parce que leur percement rentre dans les conditions ordinaires de dépense et de durée d'exécution, on voit qu'à 1000 mètres de hauteur l'avantage est à la vallée du Rhin, qui, par la passe de la Greina, n'a que 9300 mètres de souterrain sans puits, sur 20700 mètres. Mais cette hypothèse doit être rejetée bien loin, parce que la pensée de faire accepter au public une traversée en souterrain de 20700 mètres est une hardiesse aussi grande que serait téméraire l'espoir de voir risquer, par le public ou les Gouvernements sur une pareille éventualité, la somme de cinquante millions.

Mais si, parmi les tracés bas, nous comparons entre eux ceux qui pénètrent en souterrain entre 1350 mètres et 1500 mètres au-dessus du niveau de la mer, le Lukmanier est alors le plus mal partagé pour la longueur du souterrain qui serait de 21000 mètres par la passe Sainte-Marie, et de 9300 mètres par la Greina, et sans puits.

Vient ensuite le Saint-Gothard qui aurait 7500 mètres en souterrain sans puits sur 10500 de longueur souterraine totale; et enfin le Simplon qui n'aurait que 7200 mètres en souterrain. L'avantage, pour la durée des travaux et la dépense, est donc acquis au Simplon sur les deux autres passages; il revient ensuite au Saint-Gothard sur le Lukmanier (Greina) pour la durée des travaux.

En résumé, pour les tracés bas qui paraissent éventuellement possibles, lorsque le succès du percement du Mont-Cenis sera assuré, c'est-à-dire pour les tracés qui entreraient en souterrain à une hauteur identique à celle du passage par le Mont-Cenis, l'avantage appartient au Simplon et au Saint-Gothard sur la vallée du Rhin par le Lukmanier.

Quant aux tracés hauts, le Simplon a l'avantage sur le Lukmanier, en ce sens que son souterrain de 3500 mètres de longueur s'ouvrirait à 141 mètres plus bas.

Quant au Saint-Gothard, le souterrain de 5000 mètres n'est pas dans ce cas une objection, parce qu'il pourrait être percé au moyen de puits très-rapprochés, et de 150 mètres de profondeur au maximum ; de sorte que sa durée d'exécution ne serait pas supérieure à celle des deux autres.

Tel est le résultat d'une comparaison basée sur les hauteurs à franchir par les différents tracés.

Sous un autre rapport, celui de la facilité d'exécution des travaux, les tracés hauts et bas du Simplon et du Saint-Gothard l'emporteraient sur celui du Lukmanier, à cause de l'existence, sur ces deux cols, d'une route tracée et entretenue dans d'excellentes conditions, et qui manque absolument au Lukmanier.

Il importe de faire remarquer l'avantage qu'offre la préexistence d'une route dans la direction des cols à traverser.

A part les services à en tirer pour l'exécution des travaux, services qui se traduisent en moyens de répartir les ouvriers, de les alimenter, de les abriter sur les nombreux chantiers qu'il faudra ouvrir à la fois dans la montagne, d'y transporter les matériaux, de surveiller toute la ligne facilement et de porter secours au besoin, il y a un autre avantage capital, celui de pouvoir offrir aux transports de voyageurs et de marchandises, pendant l'exécution des travaux, un passage continu et assuré, de telle sorte que les voies du trafic ne seront jamais interrompues. Une route est, pour ces causes, une condition essentielle et préliminaire de tout projet d'établissement de chemin de fer.

Examinons maintenant les accès et les distances :

Pour le passage par la vallée du Rhin, les rails ont atteint Coire.

Pour le Saint-Gothard, ils ont atteint Lucerne.

Pour le Simplon, ils ont atteint Sion.

Mais pour ce dernier passage, on peut considérer Brigue comme le point extrême des rails, puisque les travaux, d'ailleurs très-faciles, vont être entrepris, et que la Compagnie y consacre une partie des ressources financières dont elle dispose en ce moment.

Sur le midi, le point d'arrivée des trois tracés est à l'extrémité méridionale du lac Majeur, où les rails atteignent Arona.

La hauteur au-dessus du niveau de la mer, qui influe sur la distance en raison des inclinaisons du profil, est :

Au point de départ	à Coire	583 m.	nord
—	à Lucerne	438	
—	à Brigue	684	
Au point d'arrivée	à Arona	200 m.	midi.

Les trois tracés partent donc et arrivent à des points dont l'altitude est sensiblement la même, bien qu'en faveur du Simplon.

La distance prise par la ligne des vallées est, sur les

meilleures cartes ou sur les profils des projets, entre ces différents points extrêmes :

Par le Simplon	105 kilomètres
Par le Lukmanier	220 Id.
Par le Saint-Gothard	240 Id.

Ces nombres expriment plutôt des rapports que des distances exactes : et cela suffit, car ce n'est que leur comparaison qui offre un grand intérêt.

Lorsque le thalweg a une inclinaison égale ou supérieure à celle que l'on veut attribuer au profil du chemin de fer, l'altitude donne l'expression exacte de la distance, parce que, à part la portion du col à franchir en souterrain, la longueur du tracé s'exprime par l'inclinaison du chemin en millimètres, inclinaison qui sert de diviseur à la somme des hauteurs à franchir sur chaque versant. Mais lorsque de longues vallées d'une inclinaison inférieure à 25 ou à 35 millimètres, prise pour inclinaison maximum, servent d'accès au pied des cols, la distance peut être ainsi notablement et inutilement augmentée. C'est ce qui a lieu, pour le Lukmanier, entre Coire et Dissentis et entre Bellinzona et l'extrémité méridionale du Lac Majeur; pour le Saint-Gothard entre Lucerne et Amsteg et aussi, comme pour le Lukmanier, sur la rive entière du lac Majeur, tandis que, pour le Simplon, la longueur des vallées d'accès est beaucoup plus courte.

De ce point de vue, abordons les tracés étudiés en ne

comparant que les tracés hauts, puisque nous avons vu à quel point, par les tracés bas, l'avantage appartient au Simplon et au Saint-Gothard sur le Lukmanier.

Pour le passage par le Lukmanier, le projet des ingénieurs Michel, Pestalozzi et Wetly, dont les rampes n'excèdent pas 30 millimètres, et le souterrain 2008 mètres, a, entre Coire et Locarno, sur le Lac Majeur, une longueur de 198500 mètres.

Pour le passage par le Saint-Gothard, le projet de l'ingénieur Lucchini dont les rampes n'excèdent pas 25 millimètres et le souterrain 5000 mètres a 155740 mètres de longueur entre le lac des Quatre-Cantons et Locarno.

Le même ingénieur a étudié, avec une inclinaison égale, un autre projet de passage par le Saint-Gothard, où le souterrain n'a plus que 1850 mètres de longueur, et ouvre à 1950 mètres de hauteur; ce tracé a 172650 mètres de longueur de voie.

Pour le passage par le Simplon, sans tunnel, le projet profilé avec 30 millimètres d'inclinaison a 101000 mètres de longueur entre Brigue et Domo d'Ossola.

Locarno et Domo d'Ossola sont d'ailleurs à une distance à peu près égale des rails italiens sur la route de Milan.

La question des distances est donc ici toute en faveur du Simplon, et il ne reste plus à comparer que le Saint-Gothard au Lukmanier.

Laissons de côté dans cette comparaison la partie des tracés près des cols. Ils sont en effet, sur ce point, obligés de recourir aux lacets ou aux cercles, car l'inclinaison de 30 millimètres par mètre est, en plusieurs points, inférieure de moitié à celles du thalweg des vallées d'accès.

En outre, ils rencontreront les mêmes obstacles s'ils s'imposent, pour les courbes minima, le même rayon.

Le tracé par le col du Saint-Gothard trouvera cependant, sur le versant méridional, par un lacet dans le val Bedretto (projet Lucchini), une descente plus facile que celle du tracé du Lukmanier, qui ne peut descendre à Olivone que par huit lacets (projet Michel, Pestalozzi et Wetly).

Dans les parties basses, si le tracé de Brunnen à Flueleu, sur les bords du lac des Quatre-Cantons, rencontre des difficultés du genre de celles que les tracés de Douvres à Folkeston et d'Exeter à Plymouth ont présentées, celles que la vallée du Rhin offre entre Reichenau et Ilanz peuvent être mises en parallèle.

Des aperçus qui précèdent, on peut conclure qu'au point de vue technique, rien ne justifie la préférence accordée au Lukmanier sur le Saint-Gothard et sur le Simplon et, spécialement, que M. le Ministre des Travaux publics a commis, par suite d'informations inexactes, une grave erreur, en révoquant en doute la possibilité d'établir une voie ferrée par le Simplon.

Nous terminerons par une dernière considération propre à frapper les esprits les plus prudents.

Entre toutes les solutions relatives à la traversée des Alpes par un chemin de fer, c'est sur la plus facile que tous les efforts doivent se porter, parce qu'après le succès de l'une, si ce succès est obtenu sans de trop grands sacrifices, l'autre s'accomplira. Le Simplon n'exclura pas le Saint-Gothard.

Or la solution la plus facile, c'est le tracé le plus court entre les points où le territoire devient tellement improductif qu'il n'y a rien à en attendre en ressources locales.

Au nord, ces trois points sont situés à Coire (Lukmanier), à Altorf (Saint-Gothard) et à Sion (Simplon). Mais comme l'exécution du chemin de fer jusqu'à Brigue paraît assurée, c'est ce dernier point (Brigue-Simplon) qu'il faut choisir.

Au midi, ce sera Locarno (Lukmanier, Saint-Gothard) et Domo d'Ossola (Simplon).

Entre les deux points extrêmes de chaque passage, la dépense par kilomètre (tracés hauts) peut-être considérée comme semblable, à égalité d'inclinaison et de rayon des courbes.

Dans ce cas, c'est le rapport de la distance comparative

restant à exécuter qui sera l'expression de la supériorité d'un tracé sur l'autre.

Or ces distances sont, en supposant des inclinaisons de 25 à 30 millimètres et l'exécution des projets que nous avons mentionnés :

Simplon.	101000	mètres
Saint-Gothard.	155740	Id.
Lukmanier	198500	Id.

En résumé, si la Suisse achève ses chemins de fer jusqu'à Brigue d'un côté, jusqu'à Altorf de l'autre ; si l'Italie les termine jusqu'à Locarno et jusqu'à Domo d'Ossola, les passages par le Simplon et le Saint-Gothard auront une grande supériorité économique sur celui du Lukmanier.

Il nous reste à examiner la question au point de vue politique ; nous le ferons très-brièvement.

CHAPITRE II

CONSIDÉRATIONS POLITIQUES

Quelque importantes qu'elles soient pour l'Italie, les considérations de l'ordre politique ou stratégique n'ont été évoquées ni dans le rapport ministériel du 14 mai 1860, ni dans l'exposé présenté à la commission par M. Paleocapa, son président. La position officielle des auteurs de ces deux documents et l'état de transformation où se trouve encore le royaume leur commandaient sans doute des ménagements auxquels la presse et les particuliers ne sont pas astreints; aussi usent-ils largement de cette liberté, soit en Suisse, soit en Italie.

Des adversaires passionnés du Simplon ont même dépassé toute mesure, en répandant le bruit que jamais la Confédération n'accorderait l'autorisation d'y construire un chemin de fer, parce qu'il serait dans l'intérêt militaire et commercial de la France.

Ce langage tranchant peut induire et a certainement induit en erreur bien des personnes. Pour éclairer ceux qui sont de bonne foi, il suffira de rappeller que le recueil officiel des pièces relatives aux chemins de fer suisses contient, sous la date du 21 décembre 1854, la ratification, par l'assemblée fédérale, de la concession que l'État du Valais a faite, le 4 du même mois, d'un chemin de fer de Sion à la frontière sarde, par le Simplon.

Nous pouvons ajouter que cette autorisation fut accordée sans aucune opposition; qu'un refus eût été tout à fait arbitraire, contraire aux droits du Valais, et d'autant plus blessant pour ce Canton et la Suisse occidentale, que la concession du Lukmanier avait reçu la sanction fédérale en août 1853, quoique ce passage exposât la neutralité helvétique à une épreuve bien plus périlleuse que celui du Simplon.

Pour s'en convaincre, il suffit de comparer la configuration de la vallée du Rhin avec celle du Rhône.

Dans la première, la rive droite du fleuve, sur une étendue de 62 kilomètres, de la hauteur de Sargans au lac de Constance, appartient à l'Autriche et à la principauté de Lichtenstein qui est dans sa complète dépendance. L'Autriche peut donc, par un coup de main, s'emparer avec facilité des meilleures positions, et, en se plaçant vers Sargans, intercepter tous les secours envoyés de St-Gall et du lac de Wallenstadt.

De Sargans aux sources du Rhin, le canton des Grisons est séparé de ceux d'Uri et de Glaris par une chaîne de montagnes qui ne peut être franchie que sur un seul point, celui de l'Ober-Alp qui conduit dans la vallée de la Reuss. Par suite des difficultés que présentera ce passage, même lorsqu'il sera amélioré selon les projets existants, les renforts, astreints à un long circuit, arriveraient trop tard pour empêcher l'invasion étrangère.

La France n'est point établie dans la vallée du Rhône comme l'Autriche l'est dans celle du Rhin; son nouveau territoire est éloigné d'une lieue de l'embouchure du Rhône dans le Léman, et tout le monde sait que la frontière française aurait pu être reculée encore, tant sur ce point important que sur plusieurs autres de la Savoie. En ami sincère de notre pays nous regrettons que l'autorité fédérale ait repoussé, sans même vouloir en prendre connaissance, les ouvertures faites à cet égard par le Gouvernement impérial; *le tout ou rien* n'est pas de mise en politique, et compter, comme on paraît le faire, sur les éventualités de l'avenir, c'est s'exposer à de fâcheux mécomptes.

On ne contestera pas que les chances de conflits entre l'Italie et l'Autriche ne soient bien autrement nombreuses qu'entre la France et l'Italie. Une guerre entre ces puissances, aujourd'hui amies et alliées, est sans doute dans l'ordre des choses possibles, mais elle est en dehors de toutes les probabilités. La France ne possède plus Casal ou Pignerol; elle ne convoite plus la Lombardie qu'elle a cédée au Piémont.

Dans les négociations qu'amenaient à leur suite les guerres sans cesse renaissantes du XVIIe siècle et du commencement du XVIIIe il fut plus d'une fois question, pour mettre un terme à ces sanglants conflits, de donner la Savoie et même Nice à la France et la Lombardie au Piémont. En réalisant, en 1859 et en 1860, un projet qui préoccupa si souvent les souverains et les diplomates des siècles précédents, on a considérablement diminué les chances de guerre entre la France et l'Italie, désormais placées l'une à l'égard de l'autre dans leurs limites naturelles.

Personne, en France, ne rêve la conquête d'une partie quelconque de la Péninsule, et, à l'exception de Garibaldi, les Italiens ne songent guère à reprendre Nice ou la Savoie. Si, enfin, contre toute prévision, une guerre éclatait, il n'est pas à supposer qu'aux routes qui lui sont actuellement ouvertes la France préférât les défilés de la vallée du Rhône et du Simplon, où elle rencontrerait les milices helvétiques sur un parcours de 26 lieues et, plus loin, dans les gorges de la Doveria, un corps d'armée italien.

Dans l'hypothèse plus probable et plus naturelle que l'alliance sera maintenue entre les deux nations latines, en cas de guerre avec l'Autriche, des considérations plus puissantes encore, et qu'il est superflu d'indiquer, détermineraient la France à respecter la neutralité helvétique.

Le Simplon n'est donc point un chemin français, dans le sens belliqueux qu'on y attache. Il ne mériterait cette qualification que comme servant plus directement les intérêts d'une grande partie de la France, ainsi que ses relations avec Milan et tout le littoral de l'Adriatique jusqu'à Otrante. A ce point de vue on pourrait dire aussi que c'est une ligne anglaise.

Mais dans une affaire aussi complexe, il importe de ne pas se préoccuper exclusivement des convenances de la Suisse ou de la France; il faut encore consulter celles de l'Italie dont le concours est indispensable à la réalisation de tout projet de passage des Alpes.

Quelques organes de la presse italienne tiennent depuis quelque temps un langage bien sévère et souvent injuste envers la Suisse; nous n'en rapporterons que quelques extraits:

« L'histoire, a dit un journal influent de Milan (1), apprend « que la Suisse fut souvent l'alliée de l'Autriche et qu'elle ne « parvint pas toujours à défendre sa neutralité et son indé- « pendance. L'Italie serait donc exposée à voir arriver par « les convois du Lukmanier une armée autrichienne qui « referait à son profit la célèbre manœuvre de Magenta.

« Le passage des Alpes doit être choisi de manière à ce « que l'Italie puisse le défendre facilement.

« Le Splugen est le seul qui réponde à cette pensée, parce

(1) *Il regno d'Italia*, mai 1860.

« qu'il est le seul qui débouche sur le sol italien et qui « puisse être fermé et gardé par nous.

« Le Lukmanier, au contraire, est à 149 kilomètres de notre « frontière, et si l'on y brisait les rails il faudrait plusieurs « jours de marche forcée pour arriver à fermer le passage. « Aucun général n'oserait s'enfoncer dans un défilé de 149 « kilomètres coupé par des torrents, etc.

« Une poignée d'hommes suffirait non-seulement pour « arrêter sa marche, mais pour empêcher son retour. Nos « malheureux soldats seraient poursuivis et écrasés, comme « ceux de Souwarow. »

Inspirées sans doute par le mécontentement que la convention provisoire du 18 avril 1861 a produit à Milan, ces réflexions n'en méritent pas moins l'attention, comme reflétant l'opinion qui a cours dans le pays; il serait d'autant plus fâcheux d'en négliger la signification, que les velléités déjà manifestées, de porter les frontières du nouveau royaume jusqu'au sommet des Alpes, seraient fortifiées par un argument tiré des nécessités de la défense nationale.

De malheureux précédents, nous l'avouons, et peut-être même quelques manifestations isolées et sans écho, faites pendant la guerre de 1859 et à la suite de l'annexion de la Savoie, ont pu faire suspecter la volonté de la Suisse de maintenir sérieusement sa neutralité à l'égard de tous, et de repousser toute armée étrangère qui chercherait à franchir son territoire. Mais que les Italiens se rassurent; non-seulement la Suisse, ainsi qu'un de leurs journaux le suppose si gratuitement, ne permettrait pas le transport sur les chemins de fer suisses d'une armée qui irait les attaquer, elle userait au contraire de toutes les forces dont elle dispose, pour mettre obstacle à ce passage, et elle agirait de même, il faut le dire, à l'égard d'une troupe qui chercherait à porter secours à l'Italie. La résolution de toute la Suisse est à cet égard bien arrêtée. Peuple et autorités s'y associent et ils n'y failliront pas.

La Confédération, les Cantons et les simples citoyens s'imposent des sacrifices de plus en plus considérables pour former une armée et la mettre à même de remplir sa patriotique mission. Sans chercher à en surfaire le mérite et la valeur, nous pouvons affirmer qu'elle est aujourd'hui assez heureusement organisée et assez fortement constituée pour pouvoir barrer le passage à l'ennemi qui chercherait à franchir les Alpes helvétiques.

On se tromperait étrangement si on jugeait la Suisse d'aujourd'hui d'après les idées et les préférences qui y prévalaient en 1813; les institutions politiques et l'esprit dont elles émanent y ont subi dès lors une transformation complète, et le parti qu'on accuse d'avoir, à cette époque, favorisé l'entrée des Alliés en Suisse s'unirait maintenant d'efforts et d'intentions pour repousser toute agression étrangère. Assimiler la Suisse de 1861 à celle de 1813, de 1814 et de 1815, serait aussi injuste, que d'attribuer aux Milanais d'aujourd'hui les sentiments qui les animaient en 1814 ; à Victor Emmanuel II, premier roi d'Italie, les versatilités de Victor Amédée II, premier roi de Sardaigne, qui passait sans scrupule, quelquefois dans la même campagne, de la France à l'Autriche et de l'Autriche à la France.

Au reste, en ce qui concerne le passage par le Simplon, l'Italie n'aurait pas à se reposer sur la Suisse seule du soin de le défendre; elle en possède elle-même une portion importante à partir de Gondo, et les gorges de la Doveria sont assez profondes et assez resserrées pour en rendre la défense facile sur le sol même de l'Italie. Sous ce rapport, le Simplon doit procurer une satisfaction pleine et entière aux préoccupations des Italiens, et obtenir à leurs yeux la préférence sur le Lukmanier et le Saint-Gothard. Rien n'est plus naturel et plus légitime que de compter sur soi plutôt que sur autrui, quand il s'agit de la défense de son pays.

Le chemin de fer par le Simplon présente, de plus, un autre avantage qui doit être hautement apprécié en Italie; c'est celui d'être moins exposé que les autres passages des Alpes, et surtout que celui du Splugen qu'on préconise à Milan, à être envahi par l'Autriche en cas de guerre. Tant que les forteresses du quadrilatère resteront en la possession de cette puissance, la première ligne de défense des Italiens ne pourra s'établir que sur le Tessin et le Pô; or, le chemin du Simplon se trouve en dedans de cette ligne.

Plus les routes des Alpes se rapprochent du Levant, plus elles sont exposées à être envahies par l'ennemi, et ce danger subsistera alors même que la Vénétie deviendra italienne.

Les deux routes de la Carniole, celles de la vallée de la Drave, du col de Toblach et du Brenner, les chemins de fer construits plus tard, n'ont pas paru à l'Autriche suffire aux besoins de la défense du royaume Lombard-Vénitien; elle a voulu en ouvrir une qui débouchât directement des montagnes sur la Valteline et le duché de Milan. C'est ce qui lui a fait construire, à grands frais et avec des difficultés excessives, la route par le col du Stelvio. Pour éviter le territoire suisse qui, par la vallée de Sainte-Marie, offre une entrée beaucoup plus commode en Italie, elle a préféré le Stelvio qui est à 2800 mètres au-dessus du niveau de la mer. Cette route n'a pas encore été jugée suffisante. Toujours dirigée par ses desseins sur la Lombardie, l'Autriche, malgré l'état délabré de ses finances, se résolut à construire une route plus au sud, entre la vallée de la Nos, petit affluent de l'Adige et la vallée de l'Oglio, à l'effet d'atteindre la magnifique chaussée qui rejoint Brescia à Milan.

Cette seconde route, achevée depuis deux ou trois ans et désignée sous le nom de route du Tonale, est de 820 mètres moins élevée que celle du Stelvio et par conséquent beaucoup plus praticable.

Ces deux routes purement stratégiques menaceront toujours l'armée italienne d'une diversion dangereuse, et le chemin de fer du Splugen n'en sera que plus sûrement placé sous la main de l'ennemi.

Ce n'est point que nous pensions que, dans une guerre d'invasion, les chemins de fer jouent un rôle aussi important qu'on est généralement porté à le croire, et que le journal *Il regno d'Italia* l'a supposé pour les besoins de sa thèse.

Les chemins de fer sont bien plus utiles à la défense qu'à l'attaque; à celle-ci, ils ne servent que lorsqu'elle opère dans un pays ami, et en facilitant ses mouvements ainsi que ses approvisionnements. C'est dans cette mesure que les armées Franco-Sardes en ont profité en 1859. En entrant sur le territoire Lombard, elles ont trouvé les rails coupés et tout le matériel enlevé. Il en avait été de même lors de l'invasion du Piémont par les troupes autrichiennes.

Ainsi, pour en revenir au Simplon, si une armée ennemie se montrait à Saint-Gingolph, les troupes valaisannes, au premier avis télégraphique, occuperaient immédiatement les fortes positions qui s'échelonnent dans la vallée du Rhône; des renforts accourraient par le Ravil, la Gemmi et la Furka; enfin, la destruction de quelques ponts suffirait pour rendre la voie ferrée complétement inutile à l'armée envahissante.

Plaçons encore au bilan du Simplon un avantage qui n'est à dédaigner ni par la Suisse française, ni par l'Italie; c'est la communication directe que ce passage établirait entre elles. Combien de circonstances peuvent surgir où les deux pays s'estimeraient heureux de pouvoir l'utiliser! C'est dans ce but surtout que les Gouvernements sarde et genevois avaient résolu de construire le tronçon de Genève à Annecy. Dans l'intérêt de son nouveau territoire, le Gouvernement impérial y substitue un chemin d'Annecy à Aix-les-Bains, et un autre du fort de l'Ecluse à Saint-Gingolph (Valais), où il se rejoindra à la ligne de la vallée du Rhône.

Même après l'établissement d'un chemin de fer par le Lukmanier ou le Saint-Gothard, celui du Simplon aurait sa raison d'être, en répondant à des besoins divers et en prévenant l'interruption des relations entre les deux pays. On ne connaît que trop les vicissitudes matérielles auxquelles sont soumises les communications à travers les Hautes-Alpes par suite des éboulements, des avalanches, des amoncellements de neige et des inondations. Par un bienfait de la Providence, il n'arrive presque jamais que le mauvais temps sévisse simultanément sur toute l'étendue des Alpes. Il serait certainement précieux de pouvoir se servir d'un des passages pendant que l'autre serait intercepté.

Quelles sont les aspirations politiques des Italiens? De se constituer en royaume unitaire, et de se garantir autant que possible d'un retour offensif de l'Autriche. Celle-ci, de son côté, qui ne peut avoir définitivement renoncé à ses vues séculaires sur la riche et belle Italie, s'efforcera de l'entraver dans son œuvre de reconstitution et dans le développement de sa prospérité qui en est un élément indispensable.

Comme argument principal en faveur des passages du Lukmanier et du Splugen, le Gouvernement italien invoque ouvertement l'intérêt du port de Gènes, où le commerce d'une partie de l'Allemagne serait attiré au détriment de Trieste. Peut-on raisonnablement espérer et équitablement demander qu'en se prêtant gracieusement à un pareil projet le cabinet de Vienne fournisse ainsi lui-même, en permettant la construction du tronçon de Lindau à Sainte-Marguerite, le moyen de compromettre de plus en plus, au profit de Gènes, la prospérité déjà si chancelante de Trieste, et de nuire au trafic de ses chemins de fer du Tyrol et de la Carniole, établis à si grands frais? Nous avons déjà dit que c'était fort peu probable. Nous ajouterons que, dans une question aussi grave, on ne doit laisser à l'incertitude que ce qu'on ne peut lui enlever.

RÉSUMÉ

Les préoccupations politiques les plus graves et le travail compliqué de l'organisation du nouveau royaume n'ont point empêché le cabinet de Turin de vouer ses soins à la création d'un réseau complet de voies ferrées dans la Péninsule ; il a compris qu'en formant un faisceau de relations commerciales et industrielles entre les diverses provinces il contribuerait puissamment à la consolidation de leur union politique.

Il a également compris que cette œuvre resterait incomplète et peu fructueuse, si elle n'était reliée aux réseaux des pays voisins. Aussi, quelque coûteuse qu'en soit la construction, n'a-t-il pas hésité à concéder la ligne du littoral, de Gènes à Nice, et à poursuivre avec persévérance et sans se laisser arrêter par la dépense les travaux de percement du Mont-Cenis.

Voilà pour les communications avec la France.

En ce qui concerne le raccordement avec la Suisse, le Gouvernement italien, fixant son choix sur le passage du Lukmanier, avait cherché à en assurer l'exécution, en accordant aux concessionnaires des avantages considérables; mais le traité qui les stipulait n'a point été ratifié en Suisse, et le Ministre même qui l'a signé s'est félicité de son rejet.

Soit que ce traité n'ait pas répondu à l'attente publique en France et en Angleterre, soit qu'on n'ait pas eu confiance dans son exécution, le fait est qu'il a été reçu avec indifférence dans ces grands pays d'industrie et de commerce. En Italie, il a soulevé d'assez vives oppositions; en Suisse, il n'a été agréé que par les Cantons et les Compagnies de chemins de fer que la ligne du Lukmanier desservirait directement, c'est-à-dire par une minorité assez faible, et encore le Canton du Tessin n'y a-t-il pas adhéré. Les vœux et les intérêts de la grande majorité des États et des Compagnies suisses appellent une autre direction.

Pour ces Compagnies, la question est vitale. Malgré l'intelligence et l'économie qui président à leur administration, les lignes suisses ne prospéreront réellement qu'en devenant les artères du principal mouvement commercial de l'Europe avec la Péninsule, et c'est également ce résultat que l'Italie doit s'efforcer d'obtenir, non-seulement dans l'intérêt de ses diverses provinces et de ses chemins de fer, mais dans celui des services maritimes qu'elle se propose de créer sur une vaste échelle.

On peut donc être surpris que, tout en appelant une commission d'experts à rechercher le passage des Alpes le plus profitable à l'Italie, le Gouvernement italien ait restreint implicitement son examen au Lukmanier et au Splugen, et ait cru devoir en exclure *a priori* le Simplon et le Saint-Gothard, placés l'un et l'autre dans un ensemble de conditions plus favorables, et dont les tracés n'avaient été, alors, étudiés que d'une manière incomplète.

La préoccupation constante du cabinet de Turin est d'attirer vers le port de Gènes, au détriment de Trieste, le commerce de l'Allemagne, au moyen d'un chemin de fer passant à l'est du lac de Constance. Mais la réussite de cette combinaison est à la merci du Gouvernement autrichien, possesseur du Vorarlberg, dont il refuse l'entrée, pour ne pas créer une concurrence à ses propres chemins et nuire à son port de prédilection.

On éviterait sans doute le territoire autrichien en traversant le lac en bateaux, mais les frais et les retards résultant d'un transbordement offrent trop d'inconvénients pour qu'on puisse s'arrêter à un pareil projet.

Nous pensons d'ailleurs avoir suffisamment prouvé que, dans le cas même où l'Autriche consentirait au raccordement des chemins suisses et bavarois, le passage du Lukmanier serait trop excentrique pour atteindre le but que le Gouvernement italien poursuit, ce passage ne pouvant attirer à lui que les provenances d'une partie de l'Allemagne, et devant renoncer à celles de la majeure partie de l'Europe.

Milan et toutes les provinces de l'Adriatique jusqu'à

Otrante seraient particulièrement lésées par l'exclusion du Simplon, qui est leur ligne la plus directe et la plus courte vers Paris et l'Angleterre.

Les relations de l'Allemagne du nord avec la Suisse et l'Italie ont, de tout temps, suivi la direction du Rhin jusqu'à Bâle. Le fleuve, dont la liberté de navigation internationale est garantie, s'est vu border, sur ses deux rives, par des voies ferrées. Ce fait est trop grave pour n'y pas reconnaître l'intérêt européen de prolonger cette grande artère commerciale sur l'Italie à travers le territoire helvétique.

Sous le rapport stratégique, qui est de la plus haute importance pour le nouveau royaume, le Lukmanier est placé dans des conditions non moins défavorables. Du lac de Constance à Sargans, ce chemin est sous la main de l'Autriche; et, dans le versant méridional des Alpes, son voisinage de la route du Stelvio l'expose à être occupé par l'ennemi.

Du lac Majeur ou du lac de Lugano jusqu'à celui de Constance, c'est-à-dire dans toute son étendue, le Lukmanier se trouve hors du royaume d'Italie, qui doit, par conséquent, se reposer sur la Confédération helvétique du soin de défendre ce chemin. Nous avons la ferme conviction qu'elle ne faillirait pas à son devoir; mais au-delà des Alpes, à en croire quelques journaux, on ne partage pas la même confiance.

Les deux derniers désavantages que nous venons de rappeler, en nous plaçant au point de vue italien, sont communs au Lukmanier et au Saint-Gothard. Le Simplon seul offre à cet égard toute garantie aux Italiens, puisqu'à partir de Gondo ce chemin traverse leur propre territoire, où les accidents de la nature en rendent la défense très-facile, et qu'en cas d'invasion à l'est ce chemin est protégé par le lac Majeur et le Tessin.

Sous le rapport de l'économie, de la facilité et de la promptitude dans l'exécution, le désavantage est aussi au Lukmanier, comparativement au Simplon et au Saint-Gothard, soit qu'on adopte les tracés bas qui laissent la voie dans les parties inférieures des vallées d'accès et nécessitent des tunnels de grande longueur, soit qu'on accorde la préférence aux tracés hauts où la voie suit le thalweg des vallées et traverse les cols au moyen de galeries d'une faible longueur.

Ce dernier système tend de plus en plus à prévaloir dans la pratique, en offrant une solution certaine pour la durée et la dépense des travaux, comme pour les moyens d'exploitation; tandis que, dans l'autre système, tout est incertain et éventuel : durée des travaux, excavation, enlèvement des déblais, moyens d'aérer et d'assainir pendant comme après le percement.

Le passage par la vallée du Haut-Rhin a d'ailleurs ce caractère particulier que les tracés bas n'y peuvent suivre, quant à l'emprunt des vallées d'accès aux cols, la même direction que les tracés hauts; tandis que les passages du Simplon et du Saint-Gothard se prêtent merveilleusement aux deux solutions, et qu'en cas d'échec d'un système l'autre peut être ultérieurement adopté.

En comparant entre eux ces trois passages dans les deux systèmes de tracé, on trouve que la supériorité est acquise au Simplon, et que le Lukmanier reste au troisième rang.

Ainsi, aux divers points de vue de la direction, de la facilité, de la promptitude et du meilleur marché d'exécution, de l'importance du mouvement commercial à desservir, de la plus grande somme d'intérêts engagés dans les réseaux des chemins de fer suisses et italiens, comme au point de vue politique et des moyens de défense, ce n'est point au Lukmanier que la Suisse et l'Italie nous paraissent devoir accorder la préférence.

Cependant le Gouvernement italien est toujours décidé à favoriser cette ligne par un subside considérable; il est donc très-probable qu'elle s'exécutera, les Cantons et les Compagnies intéressés y apportant, de leur côté, la plus active coopération. Placée à l'autre extrémité du territoire de la Confédération, la ligne du Simplon n'en conserverait pas moins, à notre sens, sa raison d'être, en répondant à d'autres intérêts également graves et nombreux; son exécution serait *relativement* trop facile et trop peu coûteuse, pour que, dans l'incertitude qui pèse encore sur l'entreprise si grandiose du percement du Mont-Cenis et avec la perspective d'une longue durée des travaux (1), les États et les Compagnies qui ont un intérêt direct ou indirect à la construction du chemin du Simplon ne songeassent pas sérieusement à la réaliser. Nous en avons la ferme espérance.

(1) D'après un rapport daté du mois de juin et digne de toute confiance, les machines perforantes, à air comprimé, ne pourront être installées, du côté de Modane (France), que vers la fin de l'année; le tunnel y était ouvert, par les moyens ordinaires, à 600 mètres de profondeur.

Vers Bardonnèche (Italie), les machines étaient en pleine activité : les compresseurs et perforateurs fonctionnaient régulièrement: le souterrain avait 750 mètres, dont 700 exécutés à la main; au moyen des machines, l'avancement, dans la galerie *préparatoire* ayant 4 mètres de largeur sur 3 mètres de hauteur, était alors de $0^m,90$ en 12 heures. Avec un personnel plus exercé et quelques améliorations dans le matériel et l'enlèvement des déblais, on espérait atteindre, dans peu de temps, 2 mètres et, plus tard, jusqu'à 3 mètres, en 12 heures.

Mais les difficultés progressives du déblaiement de la grande galerie, les éventualités dans le fonctionnement des machines et les temps d'arrêt inévitables, ne semblent pas permettre d'assigner encore un terme à l'achèvement de l'entreprise.

Typ. de GUIRAUDET, imprimeur de la Société des Ingénieurs civils, place de la Mairie, 2, à Neuilly.

www.ingramcontent.com/pod-product-compliance
Ingram Content Group UK Ltd.
Pitfield, Milton Keynes, MK11 3LW, UK
UKHW020327220726
13923UKWH00003B/1407